Moelleux et fondants

{Collection}

Catherine Moreau

Photographies et stylisme : Natacha Nikouline

hachette
PRATIQUE

- Sommaire -

Moelleux qui fondent

Moelleux qui coulent

Moelleux salés

Moelleux au chocolat

Pour **6 personnes**
Préparation **10 minutes**
Cuisson **25 minutes**
Niveau **très facile**

200 g de beurre + 15 g pour le moule
5 œufs | 220 g de chocolat noir
250 g de sucre | 30 g de farine | 20 g de cacao en poudre pour le moule

Matériel | Moule à manqué

Préchauffez le four à 180 °C (th. 6). Beurrez le moule et chemisez-le de cacao. Réservez-le au réfrigérateur.

Dans un bain-marie, faites fondre le beurre et le chocolat à feu doux. Hors du feu, ajoutez le sucre et remuez pour faire refroidir un peu la préparation. Ajoutez les œufs un à un, puis la farine. Versez la pâte dans le moule et enfournez pour 25 min environ. Servez tiède ou à température ambiante.

Variante | Vous pouvez ajouter un café expresso bien serré à la pâte. Dans ce cas, ajoutez 30 g de farine à la quantité indiquée.

Moelleux à l'ourson

Pour **6 personnes**
Préparation **10 minutes**
Cuisson **40 minutes**
Niveau **facile**

150 g de beurre + 15 g pour le moule
4 œufs | 200 g de chocolat noir en morceaux | 10 oursons en guimauve
75 g de poudre d'amandes | 175 g de sucre + 20 g pour le moule | 50 g de farine | 1 pincée de sel

Matériel | Moule à manqué

Préchauffez le four à 180 °C (th. 6). Beurrez et sucrez le moule. Réservez-le au réfrigérateur.

Séparez les jaunes des blancs d'œufs et montez les blancs en neige avec le sel. Au bain-marie, faites fondre le chocolat et le beurre. Hors du feu, ajoutez le sucre, puis les jaunes d'œufs et enfin la farine tamisée et la poudre d'amandes. Incorporez délicatement les blancs en neige. Coupez les oursons en morceaux et ajoutez-les à la pâte. Versez dans le moule et enfournez pour 40 min. Servez tiède.

Moelleux aux clémentines

Pour **6 personnes** | Préparation **10 minutes**
Cuisson **1 heure 40** | Niveau **très facile**

5 clémentines bio | 6 œufs | 250 g de poudre d'amandes | 200 g de sucre en poudre + 20 g pour le moule | Le jus de 1 citron | 15 g de beurre pour le moule

Matériel | Moule à manqué | Mixeur

Préchauffez le four à 180 °C (th. 6). Beurrez et sucrez le moule. Réservez-le au réfrigérateur.

Dans une grande casserole, faites bouillir un grand volume d'eau et placez les clémentines épluchées. Réduisez à feu moyen et faites pocher pendant 1 h. Ôtez les clémentines et laissez-les refroidir avant de les presser légèrement dans vos mains afin d'extraire le liquide de cuisson. Réduisez-les en purée à l'aide d'un mixeur.

Dans une jatte, battez les œufs en omelette, puis ajoutez le sucre, la poudre d'amandes, le jus de citron et la purée de clémentines. Versez la pâte dans le moule et enfournez pour 40 min environ. Servez tiède ou à température ambiante.

Conseil | Quand il est encore chaud, vous pouvez arroser ce moelleux de 4 cuillerées à soupe de fleurs d'oranger.

Moelleux léger au chocolat

Pour **6 personnes**
Préparation **10 minutes**
Cuisson **25 minutes**
Niveau **facile**

200 g de ricotta | 3 œufs | 150 g de chocolat noir | 75 g de sucre | 30 g de Maïzena | 15 g de cacao pour le moule 15 g de beurre pour le moule | 1 pincée de sel

Matériel | Moule à manqué

Préchauffez le four à 180 °C (th. 6). Beurrez et chemisez le moule de cacao. Réservez-le au réfrigérateur.

Séparez les jaunes des blancs d'œufs. Montez les blancs en neige avec le sel. Au bain-marie, faites fondre le chocolat en morceaux. Dans une jatte, fouettez les jaunes d'œufs et le sucre. Ajoutez la ricotta, puis la Maïzena et mélangez.

Incorporez délicatement les blancs en neige. Versez dans le moule et enfournez pour 25 min environ. Servez tiède.

Variante | Vous pouvez ajouter 60 g de pépites de chocolat.

Moelleux à la crème de marrons

Pour **6 personnes**
Préparation **10 minutes**
Cuisson **35 minutes**
Niveau **facile**

100 g de beurre + 15 g pour le moule
3 œufs | 500 g de crème de marrons
20 g de sucre pour le moule | 1 pincée de sel

Matériel | Moule à savarin

Préchauffez le four à 180 °C (th. 6). Beurrez et chemisez le moule de sucre. Réservez-le au réfrigérateur.

Séparez les jaunes des blancs d'œufs. Montez les blancs en neige avec le sel. Dans une casserole, faites fondre le beurre à feu doux. Mélangez la crème de marrons, les jaunes d'œufs et le beurre. Incorporez les blancs en neige.

Versez la pâte dans le moule et enfournez pour 35 min. Servez tiède.

Conseil | Servez avec une boule de glace vanille ou une crème anglaise.

Moelleux au chocolat et à l'orange

Pour **6 personnes** | Préparation **10 minutes**
Cuisson **1 heure 45** | Réfrigération **1 heure** | Niveau **facile**

300 g de beurre | 5 œufs | 300 g de chocolat noir | 350 g de sucre
1 cuil. à soupe de farine | Le jus et les zestes de 2 oranges

Matériel | Moule à cake

Préchauffez le four à 180 °C (th. 6). Dans une casserole, faites confire les zestes d'orange dans 50 g de sucre et 10 cl d'eau à feu doux pendant 5 min. Dans un bain-marie, faites fondre le beurre et le chocolat à feu doux. Hors du feu, ajoutez le reste du sucre et remuez pour faire refroidir un peu la préparation. Ajoutez les œufs un à un, puis la farine. Incorporez les zestes d'orange égouttés.

Versez la pâte dans le moule et placez celui-ci dans un plat rempli à moitié d'eau (bain-marie). Enfournez pour 1 h 30. Laissez refroidir et mettez au réfrigérateur pendant 1 h. Démoulez en passant une lame fine de couteau entre le gâteau et le moule. Coupez des tranches et arrosez de jus d'orange. Dégustez aussitôt.

Variante | Les arômes d'orange et de chocolat sont encore plus présents si vous préparez ce moelleux la veille.

Moelleux ricotta et miel

Pour **6 personnes**
Préparation **10 minutes**
Cuisson **40 minutes**
Niveau **facile**

350 g de ricotta | 4 œufs | 70 g de miel d'acacia | 50 g de farine | Le zeste d'1 citron non traité | 15 g de beurre + 20 g de sucre pour le moule | 1 pincée de sel

Matériel | Moule à manqué

Préchauffez le four à 180 °C (th. 6). Beurrez et chemisez le moule de sucre. Réservez-le au réfrigérateur.

Séparez les jaunes des blancs d'œufs. Montez les blancs en neige avec le sel. Dans une jatte, fouettez la ricotta avec le miel, puis ajoutez les jaunes d'œufs, le zeste du citron et la farine tamisée. Incorporez délicatement les blancs en neige. Versez dans le moule et enfournez pour 40 min environ. Servez tiède.

Variante | Vous pouvez remplacer le zeste de citron par 50 g d'écorces de citrons confits en morceaux.

Moelleux aux framboises

Pour **6 personnes**
Préparation **15 minutes**
Cuisson **45 minutes**
Niveau **facile**

200 g de framboises | 100 g de beurre + 15 g pour le moule | 4 œufs | 70 g de poudre d'amandes | 120 g de sucre
120 g de farine + 15 g pour le moule
1/2 paquet de levure chimique | 1 pincée de sel

Matériel | Moule à manqué

Préchauffez le four à 180 °C (th. 6). Beurrez et chemisez le moule de farine. Réservez-le au réfrigérateur.

Séparez les jaunes des blancs d'œufs. Montez les blancs en neige avec le sel. Au bain-marie, faites fondre le beurre à feu doux. Dans une jatte, fouettez les jaunes d'œufs et le sucre. Ajoutez le beurre fondu, la poudre d'amandes, la farine et la levure. Incorporez les blancs en neige.

Versez la moitié de la préparation dans le moule, déposez les framboises et recouvrez du reste de pâte. Enfournez pour 35 min. Servez tiède.

Moelleux aux pommes

Pour **6 personnes** | Préparation **15 minutes**
Cuisson **45 minutes** | Niveau **facile**

3 pommes boskoop | 220 g de beurre + 15 g pour le moule | 3 œufs
70 g de poudre d'amandes | 180 g de sucre | 120 g de farine + 15 g pour le moule | 1/2 paquet de levure chimique

Matériel | Moule à manqué

Préchauffez le four à 180 °C (th. 6). Beurrez et farinez le moule. Réservez-le au réfrigérateur.

Lavez, épluchez et coupez les pommes en morceaux. Dans une poêle, à feu doux, faites fondre 40 g de beurre et ajoutez les pommes. Retournez-les au bout de 3 min, puis ajoutez 30 g de sucre et laissez caraméliser pendant 5 min.

Au bain-marie, faites fondre le reste du beurre à feu doux. Dans une jatte, fouettez les œufs et le reste de sucre, puis ajoutez le beurre, la poudre d'amandes, la farine et la levure. Incorporez délicatement les morceaux de pommes. Versez dans le moule et enfournez pour 35 min environ. Servez tiède ou à température ambiante.

Conseil | Pour un résultat plus corsé, vous pouvez flamber les pommes avec 5 cl de calvados.

Moelleux à la banane

Pour **6 personnes**
Préparation **10 minutes**
Cuisson **35 minutes**
Niveau **très facile**

3 bananes | 1 yaourt nature | 120 g de beurre + 15 g pour le moule | 2 œufs
150 g de sucre + 20 g pour le moule
1 sachet de sucre vanillé | 175 g de farine

Matériel | Moule à manqué

Préchauffez le four à 180 °C (th. 6). Beurrez et chemisez le moule de sucre. Réservez-le au réfrigérateur.

Dans une casserole, faites fondre le beurre à feu doux. Épluchez les bananes et écrasez-les avec une fourchette. Dans une jatte, battez les œufs au fouet, puis ajoutez les sucres, la purée de banane, le yaourt et le beurre tiède. Mélangez bien, puis incorporez la farine tamisée.

Versez la pâte dans le moule et enfournez pour 35 min environ. Servez tiède ou à température ambiante.

Moelleux aux dattes

Pour **6 personnes**
Préparation **15 minutes**
Cuisson **35 minutes**
Niveau **très facile**

200 g de dattes dénoyautées | 220 g de beurre + 15 g pour le moule | 3 œufs
70 g de poudre d'amandes | 180 g de sucre | 140 g de farine + 15 g pour le moule | 1/2 sachet de levure chimique

Matériel | Moule à manqué

Préchauffez le four à 180 °C (th. 6). Beurrez et farinez le moule. Réservez-le au réfrigérateur. Hachez grossièrement les dattes au couteau. Saupoudrez-les de 20 g de farine et mélangez bien.

Au bain-marie, faites fondre le beurre à feu doux. Dans une jatte, fouettez les œufs et le sucre, puis ajoutez le beurre fondu, la poudre d'amandes, la farine et la levure. Incorporez délicatement les dattes farinées. Versez dans le moule et enfournez pour 35 min. Servez tiède.

Variante | Vous pouvez ajouter à la pâte 100 g de pistaches mondées.

Moelleux à l'ananas

Pour **6 personnes** | Préparation **15 minutes**
Cuisson **1 heure 10 minutes** | Niveau **facile**

1 boîte de 350 g d'ananas | 4 œufs | 70 g de poudre d'amandes
280 g de sucre | 50 g de farine | 1 gousse de vanille

Matériel | Moule à manqué

Préchauffez le four à 180 °C (th. 6). Égouttez les tranches d'ananas en conservant le jus et coupez-les en morceaux. Dans une poêle, portez à ébullition le jus et les morceaux d'ananas, la gousse de vanille fendue et grattée et 200 g de sucre. Faites confire à petits bouillons pendant 5 min. Laissez refroidir.

Dans une casserole antiadhésive, faites chauffer le reste du sucre à feu vif. Dès qu'il devient doré, éteignez le feu et chemisez les parois du moule avec ce caramel. Dans une jatte, mélangez les œufs, la poudre d'amandes et la farine. Incorporez délicatement la préparation à l'ananas. Versez dans le moule et placez celui-ci dans un plat rempli à mi-hauteur d'eau (bain-marie). Enfournez pour 55 min. Laissez tiédir avant de démouler. Servez tiède ou à température ambiante.

Conseil | Pour un résultat plus corsé, vous pouvez ajouter 5 cl de rhum brun dans la pâte.

Moelleux au vin blanc moelleux

Pour **6 personnes**
Préparation **10 minutes**
Cuisson **40 minutes**
Niveau **facile**

20 cl de vin blanc moelleux (monbazillac ou beaumes-de-venise) | 100 g de beurre + 15 g pour le moule | 3 œufs
200 g de sucre + 20 g pour le moule
1 sachet de sucre vanillé | 200 g de farine | 1 sachet de levure chimique
1 pincée de sel

Matériel | Moule à manqué

Préchauffez le four à 180 °C (th. 6). Beurrez et chemisez le moule de sucre. Réservez-le au réfrigérateur.

Séparez les jaunes des blancs d'œufs. Montez les blancs en neige avec le sel. Dans une casserole, faites fondre le beurre à feu doux. Dans une jatte, mélangez les jaunes d'œufs et les sucres. Ajoutez le vin blanc et le beurre tiède et enfin la farine tamisée avec la levure.

Incorporez délicatement les blancs en neige. Versez la pâte dans le moule et enfournez pour 40 min environ.

Moelleux aux carottes

Pour **6 personnes**
Préparation **10 minutes**
Cuisson **35 minutes**
Niveau **très facile**

350 g de carottes râpées | 3 œufs
150 g de poudre de noisettes | 70 g de farine + 15 g pour le moule | 200 g de sucre | 15 cl d'huile | 1/2 sachet de levure chimique | 15 g de beurre pour le moule

Matériel | Moule à manqué

Préchauffez le four à 180 °C (th. 6). Beurrez et farinez le moule. Réservez-le au réfrigérateur.

Dans une jatte, fouettez les œufs et le sucre jusqu'à ce que le mélange blanchisse. Incorporez l'huile, la poudre de noisettes, la farine et la levure. Ajoutez ensuite les carottes et mélangez. Versez dans le moule et enfournez pour 35 min. Laissez tiédir avant de démouler. Servez tiède ou à température ambiante.

Variante | Vous pouvez ajouter 1 cuillerée à café de cannelle à la pâte.

Moelleux au chocolat, cœur vanille

Pour **6 personnes** | Préparation **15 minutes**
Cuisson **20 minutes** | Congélation **3 heures** | Niveau **facile**

Pour la pâte à moelleux | 100 g de beurre + 15 g pour les moules | 4 œufs
140 g de chocolat noir | 60 g de sucre | 20 g de Maïzena | 40 g de farine
20 g de cacao en poudre pour les moules

Pour le cœur | 30 cl de lait | 2 jaunes d'œufs | 60 g de sucre en poudre
30 g de farine | Les graines d'1 gousse de vanille

Matériel | 6 ramequins | Bac à glaçons

Préchauffez le four à 200 °C (th. 6-7). Beurrez les ramequins et chemisez-les de cacao. Réservez-les au réfrigérateur. Préparez le cœur. Dans une casserole, portez le lait et les graines de vanille à ébullition. Laissez infuser 5 min, puis filtrez. Dans une jatte, fouettez les jaunes d'œufs et le sucre jusqu'à ce que le mélange blanchisse. Ajoutez la farine, puis le lait chaud en continuant à fouetter. Reversez ce mélange dans la casserole et faites épaissir à feu doux sans cesser de remuer. Laissez refroidir. Versez dans un bac à glaçons et mettez au congélateur 3 h.

Préparez la pâte à moelleux. Dans un bain-marie, faites fondre le beurre et le chocolat à feu doux. Hors du feu, ajoutez le sucre et remuez pour faire refroidir un peu la préparation. Ajoutez les œufs un à un, puis la farine et la Maïzena. Versez un tiers de la pâte dans les ramequins, puis déposez 1 glaçon à la vanille. Recouvrez du reste de pâte et enfournez pour 10 min environ. Dégustez aussitôt.

Variante | Vous pouvez réaliser ce moelleux en remplaçant la vanille par trois gouttes d'extrait d'amandes amères.

Moelleux aux marrons, cœur marrons glacés

Pour **6 personnes** | Préparation **10 minutes**
Cuisson **10 minutes** | Réfrigération **1 heure** | Niveau **facile**

Pour la pâte à moelleux | 100 g de beurre mou + 15 g pour les moules
3 œufs | 350 g de crème de marrons | 40 g de farine + 20 g pour les moules
1 pincée de sel

Pour le cœur | 50 g de crème fraîche épaisse | 50 g de crème de marrons
50 g de brisures de marrons glacés

Matériel | 6 ramequins

Préchauffez le four à 200 °C (th. 6-7). Beurrez les moules et chemisez-les de farine. Réservez-les au réfrigérateur. Préparez le cœur en mélangeant les ingrédients. Laissez la préparation au réfrigérateur pendant 1 h.

Préparez la pâte à moelleux. Séparez les blancs des jaunes d'œufs. Montez les blancs en neige avec le sel. Dans une jatte, mélangez le beurre et la crème de marrons. Ajoutez les jaunes d'œufs un à un, puis la farine. Incorporez délicatement les blancs en neige à la préparation. Réfrigérez cette préparation pendant 1 h. Versez un tiers de la pâte dans les ramequins, puis déposez 1 cuillerée à café de cœur de marrons glacés. Recouvrez du reste de pâte et enfournez pour 10 min. Dégustez aussitôt.

Variante | Dégustez ce moelleux avec 1 cuillerée de crème fraîche épaisse.

Moelleux au chocolat, cœur cardamome

Pour **6 personnes** | Préparation **15 minutes**
Cuisson **10 minutes** | Congélation **3 heures** | Niveau **facile**

Pour la pâte à moelleux | 100 g de beurre + 15 g pour les moules | 4 œufs
140 g de chocolat noir | 60 g de sucre | 20 g de Maïzena | 40 g de farine
20 g de cacao en poudre pour les moules

Pour le cœur | 30 cl de lait | 2 jaunes d'œufs | 60 g de sucre en poudre
30 g de farine | Les graines de 2 gousses de cardamome

Matériel | 6 ramequins | Bac à glaçons

Préchauffez le four à 200 °C (th. 6-7). Beurrez les moules et chemisez-les de cacao. Réservez-les au réfrigérateur.

Préparez le cœur. Dans une casserole, portez le lait et les graines de cardamome à ébullition. Laissez infuser 5 min, puis filtrez. Dans une jatte, fouettez les jaunes d'œufs et le sucre jusqu'à ce que le mélange blanchisse. Ajoutez la farine, puis le lait chaud en continuant de fouetter. Versez à nouveau ce mélange dans la casserole et faites épaissir à feu doux sans cesser de remuer. Laissez refroidir. Versez dans un bac à glaçons et mettez au congélateur 3 h.

Préparez la pâte à moelleux. Dans un bain-marie, faites fondre le beurre et le chocolat à feu doux. Hors du feu, ajoutez le sucre et remuez pour faire refroidir un peu la préparation. Ajoutez les œufs un à un, puis la farine et la Maïzena. Versez un tiers de la pâte dans les ramequins, puis déposez 1 glaçon à la cardamome. Recouvrez du reste de pâte et enfournez pour 10 min. Dégustez aussitôt.

Variante | Pour remplacer la cardamome, vous pouvez réaliser ce moelleux en faisant infuser 1 cuillerée à soupe de thé Earl Grey.

Moelleux au chocolat, cœur ganache chocolat

Pour **6 personnes** | Préparation **10 minutes**
Cuisson **10 minutes** | Congélation **3 heures** | Niveau **facile**

Pour la pâte à moelleux | 100 g de beurre + 15 g pour les moules | 4 œufs
140 g de chocolat noir | 60 g de sucre | 20 g de Maïzena | 40 g de farine
20 g de cacao en poudre pour les moules

Pour le cœur | 10 cl de crème | 50 g de chocolat noir

Matériel | 6 ramequins | Bac à glaçons

Préchauffez le four à 200 °C (th. 6-7). Beurrez les moules et chemisez-les de cacao. Réservez-les au réfrigérateur.

Préparez le cœur. Dans une casserole, faites chauffer la crème à feu doux. Retirez du feu juste avant l'ébullition et ajoutez le chocolat en morceaux. Remuez bien et laissez refroidir. Versez dans un bac à glaçons et mettez au congélateur 3 h.

Préparez la pâte à moelleux. Dans un bain-marie, faites fondre le beurre et le chocolat à feu doux. Hors du feu, ajoutez le sucre et remuez pour faire refroidir un peu la préparation. Ajoutez les œufs un à un, puis la farine et la Maïzena. Versez un tiers de la pâte dans les ramequins, puis déposez 1 glaçon de ganache. Recouvrez du reste de pâte et enfournez pour 10 min. Dégustez aussitôt.

Conseil | Servez ce dessert avec une chantilly maison : 15 min avant le service, placez un saladier et les fouets d'un batteur ainsi que 20 cl de crème liquide au congélateur. Montez la crème en chantilly en la fouettant énergiquement. Quand elle commence à épaissir, ajoutez 30 g de sucre.

Moelleux au citron, cœur lemon curd

Pour **6 personnes** | Préparation **15 minutes**
Cuisson **10 minutes** | Congélation **3 heures** | Niveau **facile**

Pour la pâte à moelleux | 100 g de beurre mou + 15 g pour les moules | 2 œufs | 60 g d'amandes en poudre | 120 g de sucre en poudre | 120 g de farine + 20 g pour les moules | 1/2 sachet de levure chimique | Le zeste de 1 citron

Pour le cœur | 20 g de beurre | 2 œufs | 50 g de sucre | 10 g de Maïzena | Le jus de 2 citrons

Matériel | 6 ramequins | Bac à glaçons

Préchauffez le four à 200 °C (th. 6-7). Beurrez les moules et chemisez-les de farine. Réservez-les au réfrigérateur.

Préparez le cœur. Dans une casserole, faites fondre à feu doux le sucre et le jus de citron. Augmentez le feu et ajoutez la Maïzena et les œufs sans cesser de remuer. Le mélange va commencer à épaissir. Laissez cuire 5 min. Hors du feu, ajoutez le beurre et laissez refroidir. Versez dans un bac à glaçons et mettez au congélateur 3 h.

Préparez la pâte à moelleux. Dans une jatte, faites blanchir les œufs et le sucre. Ajoutez le beurre, puis la farine, la poudre d'amandes et la levure. Versez un tiers de la pâte dans les ramequins, puis déposez 1 glaçon de lemon curd. Recouvrez du reste de pâte et enfournez pour 10 min environ. Dégustez aussitôt.

Variante | Dégustez ce moelleux accompagné d'un verre de limonade maison : faites macérer les zestes de deux citrons dans 50 g de sucre pendant 1 h. Ajoutez 1 litre d'eau pétillante fraîche et le jus de deux citrons.

Moelleux au chocolat, cœur framboise

Pour **6 personnes** | Préparation **25 minutes**
Cuisson **10 minutes** | Réfrigération **2 heures** | Niveau **facile**

Pour la pâte à moelleux | 100 g de beurre + 15 g pour les moules | 4 œufs
140 g de chocolat noir | 60 g de sucre | 20 g de Maïzena | 40 g de farine
20 g de cacao en poudre pour les moules

Pour le cœur | 250 g de framboises | 250 g de sucre

Matériel | 6 ramequins | Bac à glaçons

Préchauffez le four à 200 °C (th. 6-7). Beurrez les moules et chemisez-les de cacao. Réservez-les au réfrigérateur.

Préparez le cœur. Dans une casserole, faites chauffer les framboises et le sucre à feu doux pendant 15 min en remuant régulièrement. Remuez bien et laissez refroidir. Versez dans un bac à glaçons et mettez au réfrigérateur pendant 2 h.

Préparez la pâte à moelleux. Dans un bain-marie, faites fondre le beurre et le chocolat à feu doux. Hors du feu, ajoutez le sucre et remuez pour faire refroidir un peu la préparation. Ajoutez les œufs un à un, puis la farine et la Maïzena. Versez un tiers de la pâte dans les ramequins, puis déposez 1 glaçon de cœur framboise. Recouvrez du reste de pâte et enfournez pour 10 min environ. Dégustez aussitôt.

Variante | Vous pouvez remplacer les framboises par la même quantité de fraises ou de mûres.

Moelleux au chocolat, cœur Nutella®

Pour **6 personnes** | Préparation **10 minutes**
Cuisson **10 minutes** | Congélation **3 heures** | Niveau **facile**

Pour la pâte à moelleux | 100 g de beurre + 15 g pour les moules | 2 œufs | 125 g de chocolat | 100 g de sucre | 40 g de farine | 20 g de cacao en poudre pour les moules

Pour le cœur | 150 g de Nutella®

Matériel | 6 ramequins | Bac à glaçons

Préchauffez le four à 200 °C (th. 6-7). Beurrez les moules et chemisez-les de cacao. Réservez-les au réfrigérateur.

Préparez le cœur. Répartissez le Nutella® dans 6 compartiments d'un bac à glaçons et mettez au congélateur 3 h.

Préparez la pâte à moelleux. Dans un bain-marie, faites fondre le beurre et le chocolat à feu doux. Hors du feu, ajoutez le sucre et remuez pour faire refroidir un peu la préparation. Ajoutez les œufs un à un, puis la farine. Versez un tiers de la pâte dans les ramequins, puis déposez 1 glaçon de Nutella®. Recouvrez du reste de pâte et enfournez pour 10 min environ. Dégustez aussitôt.

Variante | Vous pouvez remplacer le glaçon de Nutella® par un glaçon de confiture de lait.

Moelleux express au chocolat, cœur chocolat

Pour **6 personnes**
Préparation **5 minutes**
Cuisson **10 minutes**
Niveau **très facile**

Pour la pâte à moelleux | 70 g de beurre + 15 g pour les moules | 4 œufs | 150 g de chocolat | 100 g de sucre | 40 g de farine | 20 g de cacao en poudre pour les moules

Pour le cœur | 12 carrés de chocolat noir

Matériel | 6 ramequins

Préchauffez le four à 240 °C (th. 8). Beurrez et chemisez les moules de cacao. Réservez-les au réfrigérateur. Faites fondre le beurre et le chocolat au bain-marie. Hors du feu, ajoutez le sucre et remuez pour faire refroidir. Ajoutez les œufs un à un, puis la farine. Versez un tiers de la pâte dans les ramequins, puis déposez 2 carrés de chocolat. Recouvrez du reste de pâte et enfournez pour 10 min. Dégustez aussitôt.

Moelleux chocolat blanc, cœur abricot

Pour **6 personnes**
Préparation **10 minutes**
Réfrigération **1 heure**
Cuisson **10 minutes**
Niveau **facile**

Pour la pâte à moelleux | 100 g de beurre + 15 g pour les moules | 3 œufs | 100 g de chocolat blanc en morceaux | 120 g de sucre en poudre | 100 g de farine + 20 g pour les moules

Pour le cœur | 60 g de confiture d'abricots

Matériel | 6 ramequins

Préchauffez le four à 200 °C (th. 6-7). Beurrez et chemisez les moules de farine. Réservez-les au frais. Faites fondre le beurre et le chocolat blanc au bain-marie. Dans une jatte, fouettez les œufs et le sucre et ajoutez la farine. Incorporez le chocolat blanc et mettez au frais 1 h. Versez un tiers de la pâte dans les ramequins, puis déposez 1 cuillerée à café de confiture d'abricots. Recouvrez du reste de pâte et enfournez pour 10 min. Dégustez aussitôt.

Moelleux au chocolat, cœur ganache chocolat-orange

Pour **6 personnes** | Préparation **10 minutes**
Cuisson **10 minutes** | Congélation **3 heures** | Niveau **facile**

Pour la pâte à moelleux | 100 g de beurre + 15 g pour le moule | 4 œufs
140 g de chocolat noir | 60 g de sucre | 20 g de Maïzena | 40 g de farine
20 g de cacao en poudre pour les moules

Pour le cœur | 10 cl de crème | 50 g de chocolat noir | 5 cl de Cointreau
20 g de sucre | Le zeste de 1 orange bio

Matériel | 6 ramequins | Bac à glaçons

Préchauffez le four à 200 °C (th. 6-7). Beurrez les moules et chemisez-les de cacao. Réservez-les au réfrigérateur.

Préparez le cœur. Dans une casserole, faites chauffer la crème à feu doux. Retirez du feu juste avant l'ébullition et ajoutez le chocolat en morceaux. Dans une autre casserole, faites chauffer à feu doux le Cointreau, le sucre et le zeste de l'orange pendant 5 min. Incorporez au mélange crème-chocolat. Remuez bien et laissez refroidir. Versez dans un bac à glaçons et mettez au congélateur 3 h.

Préparez la pâte à moelleux. Dans un bain-marie, faites fondre le beurre et le chocolat à feu doux. Hors du feu, ajoutez le sucre et remuez pour faire refroidir un peu la préparation. Ajoutez les œufs un à un, puis la farine et la Maïzena. Versez un tiers de la pâte dans les ramequins, puis déposez 1 glaçon de ganache. Recouvrez du reste de pâte et enfournez pour 10 min environ. Dégustez aussitôt.

Variante | Vous pouvez remplacer le Cointreau par le jus de 1 orange.

Moelleux coco, cœur choco

Pour **6 personnes** | Préparation **15 minutes**
Cuisson **15 minutes** | Réfrigération **2 heures** | Niveau **facile**

Pour la pâte à moelleux | 3 blancs d'œufs | 150 g de noix de coco râpée
120 g de sucre en poudre

Pour le cœur | 40 ml de crème fraîche | 100 g de chocolat noir

Matériel | Papier sulfurisé

Préparez le cœur. Dans une casserole, faites chauffer la crème à feu doux. Retirez du feu juste avant l'ébullition et ajoutez le chocolat en morceaux. Remuez bien et laissez refroidir, puis placez au réfrigérateur pendant 2 h.

Préchauffez le four à 150 °C (th. 5) et préparez la pâte à moelleux. Fouettez les blancs d'œufs et le sucre jusqu'à ce que le mélange blanchisse et incorporez la noix de coco râpée. Garnissez la plaque du four d'une feuille de papier sulfurisé et étalez 6 petits carrés de préparation de coco. Déposez sur chacun 1 petite cuillerée de cœur au chocolat. Recouvrez de préparation coco et façonnez des pyramides. Enfournez environ 15 min. Dégustez aussitôt.

Conseil | Attention à la cuisson ! Ces pyramides sont cuites quand les arêtes commencent à dorer.

Moelleux au chocolat, cœur à la fève Tonka

Pour **6 personnes** | Préparation **15 minutes**
Cuisson **20 minutes** | Congélation **3 heures** | Niveau **facile**

Pour la pâte à moelleux | 100 g de beurre + 15 g pour les moules | 4 œufs
140 g de chocolat noir | 60 g de sucre | 20 g de Maïzena | 40 g de farine
20 g de cacao en poudre pour les moules

Pour le cœur | 30 cl de lait | 2 jaunes d'œufs | 60 g de sucre en poudre
30 g de farine | 2 pointes de couteau de fève Tonka grattée

Matériel | 6 ramequins | Bac à glaçons

Préchauffez le four à 200 °C (th. 6-7). Beurrez les moules et chemisez-les de cacao. Réservez-les au réfrigérateur.

Préparez le cœur. Dans une casserole, portez le lait à ébullition. Dans une jatte, fouettez les jaunes d'œufs et le sucre jusqu'à ce que le mélange blanchisse. Ajoutez la farine, puis le lait chaud et la fève Tonka en continuant à fouetter. Reversez ce mélange dans la casserole et faites épaissir à feu doux sans cesser de remuer. Laissez refroidir. Versez dans un bac à glaçons et mettez au congélateur 3 h.

Préparez la pâte à moelleux. Dans un bain-marie, faites fondre le beurre et le chocolat à feu doux. Hors du feu, ajoutez le sucre et remuez pour faire refroidir un peu la préparation. Ajoutez les œufs un à un, puis la farine et la Maïzena. Versez un tiers de la pâte dans les ramequins, puis déposez 1 glaçon de cœur à la fève Tonka. Recouvrez du reste de pâte et enfournez pour 10 min. Dégustez aussitôt.

Conseil | La fève Tonka est très parfumée ! Utilisez-la avec parcimonie.

Moelleux à la cannelle, cœur chocolat blanc

Pour **6 personnes** | Préparation **10 minutes**
Cuisson **10 minutes** | Congélation **3 heures** | Niveau **facile**

Pour la pâte à moelleux | 100 g de beurre mou + 15 g pour les moules
2 œufs | 60 g d'amandes en poudre | 120 g de sucre en poudre | 120 g de farine + 20 g pour les moules | 1/2 cuil. à café de cannelle | 1/2 sachet de levure chimique

Pour le cœur | 50 g de chocolat blanc | 10 cl de crème

Matériel | 6 ramequins | Bac à glaçons

Préchauffez le four à 200 °C (th. 6-7). Beurrez les moules et chemisez-les de farine. Réservez-les au réfrigérateur.

Préparez le cœur. Dans une casserole, faites chauffer la crème à feu doux. Retirez du feu juste avant l'ébullition et ajoutez le chocolat en morceaux. Remuez bien et laissez refroidir. Versez dans un bac à glaçons et mettez au congélateur 3 h.

Préparez la pâte à moelleux. Dans une jatte, faites blanchir les œufs et le sucre. Ajoutez le beurre, puis la farine, la poudre d'amandes, la levure et la cannelle. Versez un tiers de la pâte dans les ramequins, puis déposez 1 glaçon de ganache de chocolat blanc. Recouvrez du reste de pâte et enfournez pour 10 min environ. Dégustez aussitôt.

Variante | Vous pouvez remplacer le chocolat blanc par la même quantité de chocolat au lait.

Moelleux au chocolat, cœur café

Pour **6 personnes** | Préparation **10 minutes**
Cuisson **10 minutes** | Congélation **3 heures** | Niveau **facile**

Pour la pâte à moelleux | 100 g de beurre + 15 g pour les moules | 4 œufs 140 g de chocolat noir | 60 g de sucre | 20 g de Maïzena | 40 g de farine 20 g de cacao en poudre pour les moules

Pour le cœur | 5 cl de crème liquide | 50 g de chocolat noir | 5 cl d'expresso bien serré

Matériel | 6 ramequins | Bac à glaçons

Préchauffez le four à 200 °C (th. 6-7). Beurrez les moules et chemisez-les de cacao. Réservez-les au réfrigérateur.

Préparez le cœur. Dans une casserole, faites chauffer la crème à feu doux. Retirez du feu juste avant l'ébullition, puis ajoutez le chocolat en morceaux et le café. Remuez bien et laissez refroidir. Versez dans un bac à glaçons et mettez au congélateur 3 h.

Préparez la pâte à moelleux. Dans un bain-marie, faites fondre le beurre et le chocolat à feu doux. Hors du feu, ajoutez le sucre et remuez pour faire refroidir un peu la préparation. Ajoutez les œufs un à un, puis la farine et la Maïzena. Versez un tiers de la pâte dans les ramequins, puis déposez 1 glaçon de cœur café. Recouvrez du reste de pâte et enfournez pour 10 min. Dégustez aussitôt.

Variante | Vous pouvez remplacer l'expresso par 2 cuillerées à soupe de café soluble, dilué dans 5 cl de crème liquide.

Moelleux à la vanille, cœur nougat

Pour **6 personnes**
Préparation **10 minutes**
Cuisson **10 minutes**
Réfrigération **1 heure**
Niveau **facile**

Pour la pâte à moelleux | 100 g de beurre mou + 15 g pour les moules | 2 œufs | 60 g d'amandes en poudre | 120 g de sucre en poudre | 1 sachet de sucre vanillé | 120 g de farine + 20 g pour les moules | 1/2 sachet de levure chimique

Pour le cœur | 6 cubes de nougat blanc

Matériel | 6 ramequins

Préchauffez le four à 200 °C (th. 6-7). Beurrez et chemisez les moules de farine. Réservez-les. Faites blanchir les œufs et le sucre. Ajoutez-y le reste des ingrédients puis réfrigérez 1 h. Versez un tiers de la pâte dans les ramequins, puis déposez 1 nougat. Recouvrez du reste de pâte et enfournez pour 10 min.

Moelleux aux amandes, cœur calisson

Pour **6 personnes**
Préparation **10 minutes**
Cuisson **10 minutes**
Réfrigération **1 heure**
Niveau **facile**

Pour la pâte à moelleux | 100 g de beurre mou + 15 g pour les moules | 2 œufs | 60 g d'amandes en poudre | 120 g de sucre en poudre | 120 g de farine + 20 g pour les moules | 3 gouttes d'extrait d'amandes amères | 1/2 sachet de levure chimique

Pour le cœur | 6 calissons

Matériel | 6 ramequins

Préchauffez le four à 200 °C (th. 6-7). Beurrez les moules et chemisez-les de farine. Réservez-les au frais. Faites blanchir les œufs et le sucre. Ajoutez le beurre, la farine, la poudre d'amandes, la levure et l'extrait d'amandes amères, puis réfrigérez. Versez un tiers de la pâte dans les ramequins et déposez 1 calisson. Recouvrez du reste de pâte et enfournez pour 10 min.

Moelleux à la carotte et coriandre, cœur emmenthal

Pour **6 personnes** | Préparation **10 minutes**
Cuisson **15 minutes** | Congélation **2 heures** | Niveau **facile**

100 g de purée de carottes | 20 cl de lait | 40 g de beurre + 15 g pour les moules | 2 œufs | 80 g de farine + 15 g pour les moules | 6 cuil. à soupe de coriandre hachée | Sel, poivre

Pour le cœur | 120 g d'emmenthal

Matériel | 6 ramequins

Préchauffez le four à 200 °C (th. 6-7). Beurrez les moules et chemisez-les de farine. Réservez-les au réfrigérateur. Coupez l'emmenthal en 6 morceaux et placez-les au congélateur pendant 2 h.

Dans une casserole, faites fondre le beurre à feu doux. Dans une jatte, mélangez les œufs et le lait avec un fouet. Incorporez le beurre, puis la purée de carottes, la farine et la coriandre, puis assaisonnez. Versez un tiers de la pâte dans les ramequins, puis déposez 1 morceau d'emmenthal congelé. Recouvrez du reste de pâte et enfournez pour 15 min. Servez aussitôt.

Conseil | Servez ce moelleux avec une salade de mâche et de raisins secs, assaisonnée d'huile de noix et de vinaigre de vin.

Moelleux au basilic, cœur mozzarella

Pour **6 personnes**
Préparation **10 minutes**
Cuisson **15 minutes**
Congélation **2 heures**
Niveau **facile**

Pour la pâte à moelleux | 20 cl de lait
60 g de parmesan | 3 œufs | 100 g de farine + 15 g pour les moules
20 feuilles de basilic | 2 cuil. à soupe d'huile d'olive + 2 cuil. à soupe pour les moules

Pour le cœur | 6 billes de mozzarella

Matériel | 6 ramequins

Préchauffez le four à 200 °C (th. 6-7). Huilez et chemisez les moules de farine. Réservez-les au frais. Placez les billes de mozzarella au congélateur pendant 2 h.

Dans une jatte, mélangez tous les ingrédients de la pâte. Versez-en un tiers dans les ramequins, puis déposez 1 bille de mozzarella congelée. Recouvrez du reste de pâte et enfournez pour 15 min. Dégustez aussitôt.

Moelleux au gorgonzola et aux noix

Pour **6 personnes**
Préparation **5 minutes**
Cuisson **15 minutes**
Niveau **facile**

20 cl de lait | 100 g de gorgonzola
3 œufs | 100 g de farine + 15 g pour les moules | 60 g de noix décortiquées
15 g de beurre pour les moules

Matériel | 6 ramequins

Préchauffez le four à 200 °C (th. 6-7). Beurrez les moules et chemisez-les de farine. Réservez-les au réfrigérateur. Coupez le gorgonzola en petits morceaux. Dans une jatte, mélangez les œufs et le lait avec un fouet. Incorporez la farine, le gorgonzola et les noix. Versez la pâte dans les ramequins et enfournez pour 15 min environ. Servez aussitôt.

Conseil | Vous pouvez remplacer le gorgonzola par du roquefort.

Moelleux de pomme de terre, cœur reblochon

Pour **6 personnes** | Préparation **10 minutes**
Cuisson **15 minutes** | Congélation **2 heures** | Niveau **facile**

Pour la pâte à moelleux | 100 g de purée de pommes de terre | 20 cl de lait 100 g de crème épaisse | 2 œufs | 100 g de farine + 15 g pour les moules 15 g de beurre pour les moules | 6 cuil. à soupe de persil plat haché

Pour le cœur | 120 g de reblochon

Matériel | 6 ramequins

Préchauffez le four à 200 °C (th. 6-7). Beurrez les moules et chemisez-les de farine. Réservez-les au réfrigérateur.

Préparez le cœur. Coupez le reblochon en 6 morceaux et placez-les au congélateur pendant 2 h.

Dans une jatte, mélangez les œufs et le lait avec un fouet. Incorporez la crème, la farine, la purée et le persil. Versez un tiers de la pâte dans les ramequins, puis déposez 1 morceau de reblochon congelé. Recouvrez du reste de pâte et enfournez pour 15 min. Servez aussitôt.

Conseil | Vous pouvez remplacer le reblochon par un morceau de fromage à raclette.

Moelleux au saumon et à l'aneth

Pour **6 personnes**
Préparation **5 minutes**
Cuisson **15 minutes**
Niveau **facile**

150 g de saumon fumé en petits morceaux | 20 cl de lait | 120 g de ricotta | 3 œufs | 100 g de farine + 15 g pour les moules | 4 cuil. à soupe d'aneth ciselé | 15 g de beurre pour les moules

Matériel | 6 ramequins

Préchauffez le four à 200 °C (th. 6-7). Beurrez les moules et chemisez-les de farine. Réservez-les au réfrigérateur. Dans une jatte, mélangez les œufs, la ricotta et le lait avec un fouet. Incorporez la farine, l'aneth et les morceaux de saumon. Versez la pâte dans les ramequins et enfournez pour 15 min. Servez aussitôt.

Conseil | Servez ce moelleux avec une salade iceberg, assaisonnée d'une vinaigrette à base d'huile de noix et de vinaigre de cidre.

Moelleux aux figues et au chèvre

Pour **6 personnes**
Préparation **5 minutes**
Cuisson **15 minutes**
Niveau **facile**

6 figues séchées | 20 cl de lait | 100 g de fromage de chèvre frais | 3 œufs 15 g de beurre pour les moules | 100 g de farine + 15 g pour les moules

Matériel | 6 ramequins

Préchauffez le four à 200 °C (th. 6-7). Beurrez les moules et chemisez-les de farine. Réservez-les au réfrigérateur. Coupez le fromage de chèvre en petits morceaux et les figues en fines lanières. Dans une jatte, mélangez les œufs et le lait avec un fouet. Incorporez la farine, le fromage de chèvre et les figues. Versez la pâte dans les ramequins et enfournez pour 15 min. Servez aussitôt.

Conseil | Servez ce moelleux avec une salade de roquette et de tranches de figues fraîches, assaisonnée d'une huile d'olive fruitée.

Moelleux aux olives, cœur tomate et feta

Pour **6 personnes** | Préparation **10 minutes**
Cuisson **15 minutes** | Congélation **2 heures** | Niveau **facile**

Pour la pâte à moelleux | 36 olives noires, dénoyautées et hachées
20 cl de lait | 60 g de parmesan | 3 œufs | 100 g de farine + 15 g pour les moules | 2 cuil. à soupe d'huile d'olive + 2 cuil. à soupe pour les moules

Pour le cœur | 120 g de coulis de tomates | 6 cubes de feta

Matériel | 6 ramequins

Préchauffez le four à 200 °C (th. 6-7). Huilez les moules et chemisez-les de farine. Réservez-les au réfrigérateur. Placez les morceaux de feta au congélateur pendant 2 h. Dans une jatte, mélangez les œufs, l'huile et le lait avec un fouet. Incorporez le parmesan, la farine et les olives.

Versez un tiers de la pâte dans les ramequins, puis déposez 1 cuillerée à café de coulis de tomates, puis 1 morceau de feta congelée. Recouvrez du reste de pâte et enfournez pour 15 min. Servez aussitôt.

Conseil | Servez ce moelleux avec une salade de tomates, d'oignons rouges et de coriandre, arrosée d'un filet d'huile d'olive.

Moelleux à la patate douce

Pour **6 personnes**
Préparation **10 minutes**
Cuisson **15 minutes**
Niveau **facile**

100 g de purée de patates douces
20 cl de lait | 60 g de beurre + 15 g pour les moules | 2 œufs | 100 g de farine + 15 g pour les moules | 6 cuil. à soupe de ciboulette | 3 échalotes épluchées et hachées

Matériel | 6 ramequins

Préchauffez le four à 200 °C (th. 6-7). Beurrez les moules et chemisez-les de farine. Réservez-les au réfrigérateur. Dans une poêle, faites revenir les échalotes dans 20 g de beurre à feu doux pendant 3 min. Dans une casserole, faites fondre le beurre à feu doux.

Dans une jatte, mélangez les œufs et le lait avec un fouet. Incorporez le beurre, puis la purée de patates douces, la farine et la ciboulette. Versez la pâte dans les ramequins, puis enfournez pour 15 min. Servez aussitôt.

Moelleux à la ricotta et aux tomates séchées

Pour **6 personnes**
Préparation **5 minutes**
Cuisson **15 minutes**
Niveau **facile**

120 g de tomates séchées | 20 cl de lait
120 g de ricotta | 60 g de parmesan râpé | 3 œufs | 100 g de farine + 15 g pour les moules | 2 cuil. à soupe d'huile d'olive + 2 cuil. à soupe pour les moules

Matériel | 6 ramequins

Préchauffez le four à 200 °C (th. 6-7). Huilez les moules et chemisez-les de farine. Réservez-les au réfrigérateur. Coupez les tomates en petites lanières. Dans une jatte, mélangez les œufs, l'huile et le lait avec un fouet. Incorporez la farine, la ricotta, le parmesan et les lanières de tomates. Versez la pâte dans les ramequins et enfournez pour 15 min. Servez aussitôt.

Moelleux à la menthe, cœur chèvre

Pour **6 personnes** | Préparation **10 minutes**
Cuisson **15 minutes** | Congélation **2 heures** | Niveau **facile**

Pour la pâte à moelleux | 20 cl de lait | 60 g de parmesan | 3 œufs 100 g de farine + 15 g pour les moules | 10 feuilles de menthe | 2 cuil. à soupe d'huile d'olive + 2 cuil. à soupe pour les moules

Pour le cœur | 3 fromages de chèvre rocamadour

Matériel | 6 ramequins

Préchauffez le four à 200 °C (th. 6-7). Huilez les moules et chemisez-les de farine. Réservez-les au réfrigérateur. Coupez les fromages de chèvre en deux et placez-les au congélateur pendant 2 h.

Dans une jatte, mélangez les œufs, l'huile et le lait avec un fouet. Incorporez la farine, le parmesan et les feuilles de menthe ciselées. Versez un tiers de la pâte dans les ramequins, puis déposez 1 morceau de chèvre congelé. Recouvrez du reste de pâte et enfournez pour 15 min. Servez aussitôt.

Conseil | Le fromage de chèvre rocamadour est bien adapté parce qu'il sera bien coulant après cuisson. Si vous n'en trouvez pas, vous pouvez le remplacer par du crottin de Chavignol.

À Félix et Suzanne, pour qui je fonds, et à Philippe, mon doux et tendre.

Pour l'éditeur, le principe est d'utiliser des papiers composés de fibres naturelles, renouvelables, recyclables et fabriquées à partir de bois issus de forêts qui adoptent un système d'aménagement durable. En outre, l'éditeur attend de ses fournisseurs de papier qu'ils s'inscrivent dans une démarche de certification environnementale reconnue.

Direction : Jean-François Moruzzi
Direction éditoriale : Pierre-Jean Furet
Édition : Anne Vallet
Conception intérieure et couverture : Patrice Renard
Réalisation intérieure : MCP
Corrections : Aurélie Lorot
Fabrication : Amélie Latsch

Responsable partenariats : Sophie Augereau au 01 43 92 36 82

Dépôt légal : septembre 2009
23-03-7975-01-8
ISBN : 978-2-0123-7975-6
Impression : Graficás Estella, Espagne